HISTÓRIA DE UMA MENININHA

LAURE

HISTÓRIA DE UMA MENININHA

Tradução
Ana Goldberger

Apresentação
Eduardo Jorge de Oliveira

à deriva...
ILUMINURAS

Coleção
à deriva...
Dirigida por Samuel Leon

Copyright © 2019 desta edição e tradução
Editora Iluminuras Ltda.

Capa
Eder Cardoso/ Iluminuras
sobre *Sexe de femme*, desenho de Auguste Rodin

Preparação de texto
Monika Vibeskaia

Revisão
Jane Pessoa

CIP-BRASIL. CATALOGAÇÃO NA PUBLICAÇÃO
SINDICATO NACIONAL DOS EDITORES DE LIVROS, RJ
L41h

    Laure, 1903-1938
      História de uma menininha / Laure; tradução Ana Goldberger ; apresentação Eduardo Jorge de Oliveira. - 1. ed. - São Paulo : Iluminuras, 2019.
    80 p. ; 21 cm.

    Tradução de: Histoire d'une petite fille
    ISBN 978-85-7321-603-5

    1. Ficção francesa. I. Goldberger, Ana. II. Oliveira, Eduardo Jorge de. III. Título.

19-54876   CDD: 843
                          CDU: 82-3(44)

2019
EDITORA ILUMINURAS LTDA.
    Rua Inácio Pereira da Rocha, 389 - 05432-011
    São Paulo - SP - Brasil
    Tel./Fax: 55 11 3031-6161
    iluminuras@iluminuras.com.br
    www.iluminuras.com.br

Sumário

Vidas de laure, 9
Eduardo Jorge de Oliveira

HISTÓRIA DE UMA MENININHA, 21

VIDAS DE LAURE

Eduardo Jorge de Oliveira
Departamento de Letras Românicas
Universidade de Zurique – Romanisches Seminar – UZH

Não se deve ter culto por nenhum ser, é preciso apenas sentir entre nós uma troca de forças e de alegrias.[1]

Laure
(de uma carta não enviada para Georges Bataille)

Morta aos 35 anos de idade, Colette Peignot foi uma existência breve e furiosa (1903-38). Seu estado de saúde era frágil desde uma tuberculose contraída aos doze anos. No contexto de uma mitologia pessoal, Laure — nome pelo qual ficou conhecida — trocou o meio aristocrático-burguês parisiense pelo ambiente soviético-comunista, passando antes pela Córsega e por Berlim. Anteriormente frequentando a casa do seu irmão, Charles Peignot, ela conheceu artistas como Picasso, Crevel, Aragon, Cocteau, Buñuel, incluindo homens políticos como Léon Blum, tal como

[1] LAURE. *Écrits retrouvés*. Périgueux: Les Cahiers des Brisants, 1987, p. 95.

relata Jérôme Peignot em uma biografia e Georges Bataille no breve texto "Vie de Laure" [Vida de Laure].[2]

Para detalhar alguns aspectos da vida de Laure, podemos lembrar que, no rigoroso inverno moscovita, ela viveu de modo simples junto de mujiques, e sua estadia foi interrompida por causa de uma recaída da tuberculose, o que a trouxe de volta a Paris. De sua viagem a Moscou, Laure trouxe a decepção com o rumo da União Soviética sob o comando de Stálin, o que a levou a se engajar na imprensa dissidente, publicando uma série de artigos em jornais operários sob o pseudônimo de Claude Araxe. Sua ideia era expor a cruel realidade da vida soviética. Em Paris, de 1931 a 1934, além de financiar os números da revista *La Critique Sociale*, de Boris Souvarine, ela também foi sua secretária de redação.

Foi a partir de sua relação com Souvarine que ela encontrou Georges Bataille no Círculo Comunista Democrático. Já conhecido no meio comunista como o autor de *História*

---

[2] PEIGNOT, Jérôme e ROCHE, Anne. *Laure, une rupture.* 1934. Paris: Éditions des Cendres, 1999, pp. 150-152 e p. 19; BATAILLE, Georges. "Vie de Laure". In: *Œuvres complètes* VI. Paris: Gallimard, 1973.

do olho, livro não assinado por ele na época, Bataille não era o tipo de escritor cuja leitura Souvarine recomendaria para Laure, conforme está relatado em "Vie de Laure". As poucas páginas do texto de Bataille contam apaixonadamente não apenas uma vida, mas as diversas vidas de Laure. O texto é uma das fontes mais relevantes para aqueles que se interessam pelas histórias de Colette Peignot. Posteriormente, nos anos 1970, Jérôme Peignot publica *Ma mère diagonale* (que poderia ser traduzido literalmente por *Minha mãe diagonal*), onde procura encontrar a justa distância entre Laure, de um lado, e Michel Leiris e Georges Bataille, de outro, talvez a partir da querela entre os autores e a família, mais precisamente o irmão de Colette, Charles Peignot, no que diz respeito à publicação dos textos da autora.[3] No entanto, Jérôme Peignot não deixa

---

[3] Esse breve relato, que ganha a primeira edição em português no Brasil, também teve por título *Le triste privilège ou une vie de conte de fée* [*O triste privilégio ou uma vida de conto de fada*, editado em 2015 pelas edições Allia, em Paris]. No entanto, o livro foi publicado pela primeira vez em 1943 com o título *Histoire d'une petite fille*, feito sob os cuidados de Michel Leiris e de Georges Bataille. A questão se deve a uma superposição de títulos no próprio manuscrito de Colette Peignot, pois *Le triste privilège* foi o primeiro título pensado por ela para dar nome a sua narrativa autobiográfica, sendo esta *uma vida de conto de fada*. No mesmo manuscrito, *Histoire d'une petite fille* foi escrito com outra cor e indica o último título escolhido pela autora.

de buscar os contornos de Laure na obra do autor de *O erotismo*: "Eu teria sido capaz de retomar toda a obra de Bataille para encontrar atrás de cada uma das páginas algo da sua loucura por Laure. É assim que, para mim, os dois volumes de *A experiência interior* e, sobretudo, *O culpado*, se reduziriam ao enunciado da gramática passional do seu autor. Atrás desses parágrafos, em filigrana, aparecia o rosto de Laure e com a força terrível de uma encantação".[4] O estudo de Paulina Tarasewicz, "La vie de Laure?" [A vida de Laure?] é um dos textos críticos que analisa de perto toda a problemática entre Bataille, Souvarine e J. Peignot, sobretudo quanto às críticas hagiográficas que sacralizam a autora por causa de sua morte prematura. No enigma dessa súbita santidade, cada um dos autores estaria construindo uma Colette: para a dupla Bataille e Leiris, tratava-se de Laure, para Souvarine, prevaleceria a comunista Araxe, existindo, assim, a produção de um "retrato relativo" a partir das facetas de Laure, onde uma vida breve tornou-se um objeto de luta em termos

---

[4] LAURE. *Écrits, fragments, lettres*. In: PEIGNOT, Jerôme e Coletivo Change (Orgs.). Paris: Jean-Jacques Pauvert, 1977.

de "significação, sentido e valor".[5] Tarasewicz desmonta o papel da influência desses homens na *obra* de Laure para valorizar uma construção em comum dos sentidos do sagrado, do erotismo e da crítica social.

* * *

"*História de uma menininha* é a narrativa de uma infância cristã dentro de uma família burguesa, mas atravessada por visões, sonhos, revoltas que fazem escapar a criança de um duplo e esmagador conformismo",[6] resume Maurice Nadeau. Expandindo a intensa biografia de Laure, a breve história que o leitor tem em mãos até poderia ter como subtítulo "uma história social da perda da fé", ou poderia comportar, como epígrafe, o que Georges Bataille diria a propósito de Laure: que a perda da fé seria um dos maiores tremores de terra. A base seria o testemunho da narradora, que, pelo viés de uma autobiografia, encontra na vida familiar um conflito permanente entre

[5] TARASEWICZ, Paulina. "La vie de Laure?". *Cahiers ERTA*, n. 10, Actes de Résistance II, Sopot: Wydawnicwo UG, 2016, pp. 217-51.
[6] NADEAU, Maurice. "Des mots qui brûlent". *Cahiers Laure*, n. 1. Franche--Comté: Éditions les Cahiers, 2013, p. 140.

a ordem e o conforto da vida burguesa e a presença inquietante da Igreja, figurada no padre que educava e abusava dela e da irmã, além do tratamento abjeto dado às classes trabalhadoras pela sua mãe, sintetizado nos modos de se dirigir aos criados.

A própria narradora repete o discurso asséptico e violento com os criados que a cercam. Toda a sua educação lhe ensinava um desprezo aos pobres a ponto de ser incompreensível qualquer simpatia por um trabalhador. Georges Bataille, em uma das raras utilizações da palavra "abjeção", em "L'abjection et les formes misérables" [A abjeção e as formas miseráveis], desloca o termo de uma prática erótica conferindo-lhe um alcance ao mundo do trabalho, representando a massa de pessoas exploradas, a população miserável, na qual existe uma parte dos trabalhadores incapaz de reagir contra a sujeira e a podridão.[7] Esse é o sentido mais preciso para a educação da pequena Laure e contra a qual ela lutou na adolescência e na vida adulta. A pergunta feita ainda na infância — "Os pobres das ruas, os

---

[7] BATAILLE, Georges. "L'abjection et les formes misérables". In: *Œuvres complètes*, v. II. Paris: Gallimard, 1987, pp. 217-21.

operários, os empregados, o que queria dizer tudo isso?" — de algum modo foi respondida com o engajamento de Colette tanto como Araxe quanto como Laure.

A abjeção é semanticamente uma abstração do termo "trabalho". Essa abstração conduziu sua infância para uma vida à parte, oscilando entre os valores da religião, impostos tanto pela mãe quanto pelo padre, e a constatação de uma precariedade daqueles que a serviam na vida cotidiana: "Será que meu cérebro de criança iria naufragar na enxurrada de catástrofes em que a partir de agora minha mãe encontrava na sua vida?". O efeito moral e austero não conseguia contornar a realidade de uma criança assim definida por Laure: "Com oito anos, eu não era mais um ser humano" ou "eu tinha treze anos e parecia um esqueleto de criança". As descrições das classes mais pobres feitas por Laure têm um valor material inestimável que escapa aos efeitos do real, pelos próprios instantâneos que a infância da narradora produz no texto. "Trabalhadoras, lavadeiras, cafetinas saberiam gozar da alegria se esta lhes fosse dada de outra maneira que não em um lazer parcimonioso envenenado pelo angustiado amanhã."

Intenso e instantâneo, *História de uma mistério* menininha tem um valor testamentário ao revés, em que Laure nega a herança moral de uma classe capaz de estocar a própria moral no sótão se assim for necessário. Nesse compartimento, ela deixa sua fé como um objeto obsoleto. "E mais uma vez a santidade foi alojar-se no sótão. Era um quarto de despejo, cheio de baús de viagem e de ferragens velhas." Daí sua irreligião, a única coisa que Laure teria de estável, segura e sem retorno ao "sistema de seguros" ou à "consciência exterior" que representou para ela a austeridade da religião, tal como lhe foi imposta.

Os caminhos traçados por Laure ignoraram os avisos de "cuidado" ou de "perigo", e foi esse percurso acidentado que resultou *a posteriori* numa autora que, em poucas páginas, produziu uma literatura coerentemente arriscada e perigosa, capaz de pôr em xeque os termos que poderiam sustentá-la, como testemunho ou autobiografia. Com a distância de ambos e também da hagiografia, que poderia manter Laure sacralizada, as vidas de Laure merecem ser lidas pelas formulações, pelas frases e pelos períodos que tornam a existência da literatura extremamente necessária. O que inclui o risco de nomeá-la literatura.

Michel Leiris, em uma carta endereçada a Jérôme Peignot, datada de 2 de agosto de 1971, alegra-se com uma publicação "menos secreta" dos *Escritos* de Laure, e pergunta: "Isso não introduziria na 'literatura' escritos que — maravilhosamente ou abruptamente — se situam além?".[8] Em meio a uma intensa troca de correspondência, em vidas com grandes dificuldades de separar as misérias da alegria, Georges Bataille, em *L'Alleluiah*, responde a Laure de modo aproximado, como se tivesse recebido a carta que não lhe foi enviada: "A miséria dividida é também uma alegria, mas ela apenas é doce se for dividida".[9] No interior de uma comunidade conflituosa, Laure levou essa divisão aos seus limites.

---

[8] PEIGNOT, Jérôme e ROCHE, Anne, op. cit.
[9] BATAILLE, Georges. *Le Coupable* suivie de *L'Alleluiah*. Paris: Gallimard, 1961, p. 226.

Olhos de criança penetram na noite.

A sonâmbula, com uma longa camisola branca, ilumina os cantos escuros em que se ajoelha, murmurando totalmente ador- mecida perante o crucifixo e a Virgem Maria. As imagens religiosas recobrem as paredes, a que dorme presta-se a todas as genuflexões e depois desliza entre os lençóis. Entregue aos fantasmas menos reais que, também eles, têm todos os direitos sobre mim, meu quarto retoma sua densa imobilidade de pesadelo prematuro.

O terror ergue-se entre quatro paredes como o vento no mar. Uma mulher muito velha, curvada em dois, ameaça-me com sua bengala, um homem que ficou invisível graças ao célebre anel espreita-me a toda hora, Deus "que tudo vê e conhece todos os pensamentos" olha-me, severo. A cortina branca destaca-se da janela, flutua nas trevas, aproxima-se e me leva: atravesso lentamente a vidraça e subo ao céu...

Milhares de pontos luminosos surgem na escuridão, dançam em roda, afastam-se de quem vigia, vêm como enxame na minha direção. Um pó fino de arco-íris pousa nos objetos, as gotas de cor deslizam umas sobre as outras. Cones, círculos, retângulos, pirâmides líquidas e fosforescentes, abecedário de formas e de cores, prisma solar, céu dos meus olhos em pranto; os fosfenos dançam em roda... a cama balança sob o ondejar dos sonhos.

E os dias dessas noites eram uma infância sórdida e medrosa, perseguida pelo pecado mortal, a Sexta-Feira Santa e a Quarta-Feira de Cinzas. Infância esmagada sob os véus pesados do luto, infância que rouba crianças.

Não, nem tudo está dito. Mãos criminosas agarraram a roda do destino: muitos ficam ali, recém-nascidos vigorosos estrangulados pelo cordão umbilical e, contudo... eles só "pediam para viver".

Escutem-nos, a noite está cheia de seus gritos: longos gritos lancinantes interrompidos por um barulho de janela fechada com brutalidade, gritos roucos e líquidos abafados pela mordaça e morrendo entre os lábios, chamados estridentes, nomes de homens ou de mulheres lançados no eterno vazio, riso vingador caindo do alto como cascata de desprezo, queixas vagas e difusas, choro de recém-nascidos com voz de homens. Todos esses gritos, misturados ao voo das folhas de outono, exalam de um jardim como exalaria o odor da rosa, do húmus e do feno cortado.

É um jardim bem parisiense que encontrei para me esconder. De trás dos arbustos, saiu um homem muito pálido, ele se inclina, fecha uma mão no vazio, vai embora com pequenos passos nos seixos brancos, inclina-se de novo, aperta essa mão inexistente e parte de novo cauteloso em volta do gramado... Surge um outro, rosto inflamado, lábios vermelhos, ele surpreendeu meu refúgio encaixado no muro e escondido por esses maciços espantosos de fúcsias. Ali está cheio de heras, de fuligem, de flores de begônia esmagadas nos dedos e de sinais de amarelinha traçados com giz. O homem, gesto obsceno, chega perto, mas há muitos desvios engenhosos e eis que um outro passa pela janela, perdido, agitando o ar como um moinho, espuma saindo de seus lábios: "Eles me roubaram, os canalhas", ele é dominado. Agora passa uma mulher, mãos juntas embaixo do queixo, ela corre com todo o seu corpo disforme, flácido e desajeitado, seu aspecto arranca do passante um semissorriso logo paralisado porque lá em cima surge um rosto lívido que tenta passar pelas barras de sua jaula, tenta de frente e depois de lado, mas em vão, então um braço branco descarnado passa e pende suavemente até de noite como roupa lavada ao vento.

Um bando mentiroso e sorridente (pais e médicos) gira em torno do fosso de loucos do jardim de infância.

Pobres seres insignificantes e sua dor que se rende por ter se revoltado demais e sua dor vencida, impotente, esmagada, idiota. Escutem-nos: a b c d não sei mais falar, 1 2 3 4 não sei mais contar.

Que importância tem para vocês o inocente da aldeia ou a louca do quarteirão? As ruas não estão cheias de consciências compradas, colunas dorsais quebradas? Outros seres, ainda, destinados a uma morte mais próxima ou a uma vida melhor, vão encalhar nas feiras, nos portos, nas praças, sob as pontes.

Destroços vivos, vindos de todos os naufrágios — miséria ou desespero — encontram-se espantados nas beiradas friáveis dos cais. Espantados por se verem face a face, homem a homem, e já que os olhares se cruzam, trocam-se palavras que servem para tudo, sem nenhum sentido e cheias de significados. Sós, aqueles que vêm de longe se ouvem falar *assim*... da chuva e do tempo bom. E parece que a terra, respondendo ao som de suas vozes, fica mais firme sob seus passos. A água do rio rola suas águas oleosas, carrega seus pesados miasmas. Por cima das pontes da cidade, além da cidade, os campos. E, na cidade e nos campos, um mar móvel de olhares humanos.

Não há quem não esconda um segredo, uma *história*, que não seja uma resposta, um apelo, uma explicação. Olhares tão claros e muito puros com seu fundo perturbado de manchas e de redes: algas e detritos humanos. Olhares exorbitados, lúgubres e remelentos, olhares áfonos e outros, iluminados, olhares que sabem odiar e desprezar, olhares que amam e confiam, olhares que revelam *um* objetivo, *uma* vontade, olhares que o desejo dissimula no sangue. Entrevi todos esses olhares através daquele que, insistente e perdido em uma palidez de faminto, parecia pedir explicações de toda a impotência, de toda derrota humana que não a sua.

— Eu não habitava a vida, mas sim a morte. Tanto tempo atrás quanto me lembro, os cadáveres ficavam de pé na minha frente: "Não adianta desviar-se, esconder-se, renegar... você bem que faz parte da família e será dos nossos esta noite"; eles discorriam com ternura, amáveis e sardônicos, ou então, à imagem desse Cristo, o eterno humilhado, o carrasco insano, eles abriam os braços para mim.

Do Ocidente ao Oriente, de país em país, de cidade em cidade, eu caminhava por entre os túmulos. Logo fiquei sem chão, fosse ele gramado ou pavimentado, eu flutuava, suspensa entre céu e terra, entre o teto e o piso. Meus olhos doloridos e revirados mostravam ao mundo seus lobos fibrosos, minhas mãos, ganchos de mutilados, transportavam uma herança demente. Eu cavalgava as nuvens com ares de louca desgrenhada ou mendicante de amizade. Sentindo-me um pouco como um monstro, não reconhecia mais os humanos de quem, entretanto, eu gostava muito. Enfim, lentamente petrificava-me até me tornar um perfeito objeto de decoração.

Por muito tempo andei sem rumo, atravessando a cidade de lado a lado, de cima a baixo. Conheço-a bem, não é uma cidade, mas sim um polvo. Todas as ruas paralelas e de viés convergem para um centro líquido e inflado. Os tentáculos da besta trazem, cada um, uma única fileira de casas com duas fachadas: uma, com pequenos azulejos, outra, com cortinas pesadas. Foi ali que ouvi, da boca de Vérax, a boa-nova de Notre-Dame-de-Cléry, ali que vi o belo olhar de Violette injetado com a tinta mais negra, ali, enfim, que Justus e Bételgeuse, Vérax e A Cabeleira e todas as moças com nome de estrela foram absorvidas pela potente corrente de portas imantadas. A escuridão, por um momento atravessada por raios invisíveis, revela-lhes o espaço como sua própria imagem, única transparência incandescente: o esqueleto e a forma do coração. Arrancadas surdas animam uma vez e outra relâmpagos de enxofre e de acetileno, formam uma auréola de mercúrio nos corpos automáticos. Eles se veem lilás e depois verdes...

Passada a hora das atrações, são jogados na rua por esse mesmo maquinário complicado. O rosto depurado totalmente, eles voltam para os cimos onde acreditam terem nascido. (O homem-tronco vai embora pensar no seu canto.)

Na luz do dia, o polvo coberto de areia não deixa traço de seus alongamentos e de suas convulsões, podemos dirigir-nos a essa praia ensolarada.

Foi em uma praia assim que descobri o céu, um céu imenso e sem nuvens onde se perdia uma pipa. Acreditando que a seguia, já que meus olhos não a deixavam, eu corria sem fim para alcançá-la. Ofegante, joguei-me na areia: a areia também escorre entre os dedos com uma carícia quente que faz rir.

O cortejo inevitável: essas mulheres de preto me levaram por ruas com correntes de ar gelado para um "casarão gótico" cujas janelas refletiam um sol púrpura. É o primeiro dia de minha vida que eu olhava ao ver.

Deixando ali as Lembranças, os desabamentos e os andaimes de uma vida natimorta, os bronzes e os gessos de todas as civilizações, e confiando-me a um ângulo de ardósia azulada, tomei lugar, uma noite, em um voo de pombos em pleno coração da Cidade. Os pesados pássaros viajantes abateram-se não muito longe, na praça onde, sempre *devorada pelo demônio da curiosidade*, juntei-me à aglomeração.

Esperávamos o desfile. Vi os estandartes e as bandeiras dos meninos débeis e dos velhos de pernas tortas (com a chibata nas mãos); vi as auriflamas e os ouropéis dos padres suados (a axila verde e cheirando mal); vi os escapulários e os rosários imundos das moças, filhas de Maria trêmulas: "Padre, tive maus pensamentos". Todos bradavam, o hálito podre: nós somos a espera-a-a-ança da França. As velhas, sacudindo os cabelos engordurados, descobriam no meio de seus bigodes dentaduras cheias de hóstia rançosa.

Aí está você embaixo das espécies de bandeira, santidade insana! Por que não sorrir desabusada ou ter um ataque de riso, divertida... mas, não, fico ali, cuspindo o sangue dos meus ancestrais que parece com você. Não irei acabar, logo, de rejeitar esse pesado lastro? Sim, não faz muito tempo, a Verônica sorria-me com seu lençol gotejando o Cristo, a Virgem e sua coroa vacilavam no incenso bem como os grandes pregos fixados na parede e os rastros de sangue, a Santa Face chorava suas lágrimas de óleo atrás de um candeeiro vermelho, única iluminação da "capela das Dores". Era o retiro, a hora da meditação, eu tinha sete anos, estava de joelhos, trêmula. Pernas e braços exaustos, esforçava-me para inventar pecados, já que os meus pareciam-me insignificantes, tendo pouco a ver com as expressões graves, com a severidade dos textos e das invocações. Eu inventava... O padre recebeu-me em um cômodo escuro onde entrei assustada e onde ele ouviu minha confissão sentada em seu colo.

Transportaram-me em uma charrete. A casa ficava longe: "entre *Sainte-Anne* e *La Santé*" explicava minha mãe ao cocheiro, e eu ainda tremia por muito tempo dentro de uma forração de feltro úmido, com medo de morrer a cada curva das ruas cobertas de torrentes de chuva em que a ferradura do cavalo deslizava e derrapava.

Eu também devo ter engolido a hóstia, com vergonha por não saber como me comportar e como perguntar. "Principalmente, não deixe ela tocar em seus dentes", tinha dito minha mãe. Que horrível embate entre a língua e o deus encharcado de saliva! Foi a tal ponto demorado e falho que comecei a duvidar que ali estivesse... Deus. A ideia não me abandonou mais, impossível pensar em outra coisa: eu soluçava. Ao ver minha emoção, o padre e os pais felicitaram-se por minha extrema devoção. Eu deixava falar; poderia eu admitir o horror do que estava acontecendo? Será que eu já não estava em pecado mortal? Falava-se de fervor... Pela primeira vez, os sorrisos beatos, os ares de superioridade dos adultos pareceram-me estranhos, *duvidosos*. No entanto, eu estava orgulhosa por ser a única criança cuja primeira comunhão iria decorrer, como queria minha mãe, sem que nenhum prazer material viesse perturbar a santidade do dia.

E mais uma vez a santidade foi alojar-se no sótão. Era um quarto de despejo cheio de baús de viagem e de ferragens velhas. A janela, nunca aberta, estava condenada por uma espessa cortina que deixava filtrar uma luz de vitral. Eu ficava lá horas inteiras, fugindo ao tédio deles, mergulhando com ímpeto no meu. Aconteceu de um dia deslocarmos uma porção de objetos para poder alcançar a janela e abri-la: era o único cômodo de onde se podia ver bem de perto um balão caído em um jardim vizinho. Podia-se ver a vinte metros a nacela entalada entre duas paredes, o balão laranja esvaziado pela metade, sulcado por grossas cordas, encalhado nos telhados e galhos das árvores. Enfim, vi o piloto desvencilhado dessa pilha de coisas diversas: a pequenez desse ser caído do céu pareceu-me insólita e enganosa. Foi um acontecimento ímpar essa lufada de ar no meu sótão cansado.

Eu não tinha amigos. Todos eram reprovados por minha mãe como "muito prósperos" ou "não bastante religiosos". Pobre, essa mulher naturalmente viu-se levada a recorrer aos vizinhos ou a lhes prestar assistência, a deixar seus filhos brincarem com outros na calçada, a falar ela mesma com os comerciantes, a conhecer as histórias do bairro. Mas sua "situação" permitia que ela se fechasse em uma desconfiança total daquilo que não era a Família e em completa ignorância de tudo o que, no mundo, podia ser alegre, ativo, vivaz, produtivo ou mesmo simplesmente humano. "Ter relacionamentos" ou "receber" lançava-a em um estado de pânico solene cujo contragolpe nós suportávamos. Só meu irmão conseguia tirar-nos do mal-estar com uma desenvoltura que fazia explodir como um furacão esses acessos de riso sacrílegos que é preciso controlar nas reuniões formais ou na igreja.

A casa tinha sempre um aspecto morno e inalterado. A chegada do correio apaixonava-me de antemão por causa das muito raras cartas escritas da África, da América ou da China por um tio distante. Embora na travessa decorada de bronze nunca houvesse mais do que contas, comunicados e *L'Écho de Paris*, eu esperava todo dia aquela correspondência feita de envelopes espessos, de selos extraordinários e de uma escrita bizarra.

Apesar das empregadas, minha mãe ficava constantemente preocupada com a casa, preocupada até a angústia com o pó, a naftalina e a cera. Não passava nem um dia sem que uma mancha nova não a absorvesse e provocasse um rebuliço de coisas e gente. Isso se chamava "arrumar", e nunca terminava. Todo mundo tinha de estar disposto e tomar parte ativa na afobação geral. Crianças e empregadas, rostos crispados, uns semelhantes aos outros, iam e vinham, subiam e desciam, nada era poupado. Só o quarto de despejo continuava imutável com seu ar viciado e sua luz de vitral.

Refugiava-me ali, e lá, a cavalo sobre um velho baú de imitação de couro ou agachada sobre um banquinho a ser reempalhado, eu me contava sem fim histórias e, principalmente, aquelas de antes de meu nascimento, do tempo em que eu morava no céu. Ou, então, contemplava com fervor um doce Jesus branco e um José loiro, imagens azuis, rosa, douradas, com estrelas, envoltas na seda, embrulhadas por favores. Ou então eu lavava minha boneca e partia à procura de meu próprio corpo, que tinham me mandado ignorar. Curiosidade da criança quanto a seu ventre no momento mesmo em que ela sabe que Deus tudo vê e a segue nesse sótão. Curiosidade e depois terror. A vida oscilava rápido entre estes dois polos: um, sagrado, venerado, que é preciso exibir (os chafurdamentos de minha mãe depois de suas comunhões), o outro, sujo, vergonhoso, de que é preciso não falar. Ambos tão mais misteriosos, mais atraentes, mais intensos do que a vida morna e imutável. Assim, eu iria oscilar entre o infame e o sublime durante longos anos, em que a verdadeira vida estaria sempre ausente.

Havia aquelas trabalhadoras orgulhosas que vão para o trabalho depois de terem enxugado os moleques e que lhes dizem, apressadas, com uma ternura rude, sem papas na língua: "Assoe o nariz, lave sua bunda, seu inútil". Na frente delas, as crianças podem, pelo menos, desabotoar as calças sem que acreditem estar no inferno. Com elas, os ares de bondade, o jeito pretensioso não iriam funcionar. "Coitada de você?", com uma bofetada iriam jogá-la na calçada.

Havia aquelas lavadeiras que eu acreditava que eram felizes por mergulhar suas mãos no Sena: "Será que você já acabou, você, com suas fraldas, de me mandar merda nos meus lenços? é que isso não serve para a patroa", e as risadas explodiam e perdiam-se nos juncos. Terminada a jornada, as jovens lavadeiras ficavam de pé, tendo na testa e embaixo dos braços um suor acre que cheirava bem a madeira morna do lavatório e a forragem quente de suas caixas, elas ficavam de pé com aquela dor nos rins e exaustas, no fim, de olhar seus seios no rio.

Havia aquelas cafetinas cínicas e que rolaram muito de Marselha a Buenos Aires, levando no coração um grande amor afogado em absinto.

São existências duras e precárias, nem melhores ou piores do que muitas outras, mas, através desses rostos, eu adivinhava um certo sentido direto da vida que assumia um sabor singular quando eu pensava nas outras, na minha mãe e nessas mulheres de preto que saíam da igreja, com todos os seus bons sentimentos passados na peneira. Trabalhadoras, lavadeiras, cafetinas saberiam gozar da alegria se esta lhes fosse dada de outra maneira que não em um lazer parcimonioso envenenado pelo angustiado amanhã. Vocês outras, vocês estão ali, todas reticência e observação, alfinetando a morte por todos os lados, duvidando da vida, desejando a doença. Vocês estão ali, vergonha e mutismo, com seus dias cheios de todos os deveres: deveres "dos pais em relação aos filhos", dos "superiores em relação aos inferiores", do pecador em relação a seu criador. Vocês estão ali, quietas e confortáveis, mornas e severas, matando a alegria e vivendo dessa bondade filtrada que ignora a humanidade.

Como era então simples e doce, Christiane, a filha de nossa faxineira, aquela que se jogou da janela porque sua mãe tinha pego carvão de um porão. Pois foi assim que aconteceu e não de outro modo: vigiada durante uma semana inteira por sua patroa, que tirava e colocava e contava seus bolos de carvão, a sra. Beuchet tinha, enfim, a "pegado com a mão na botija", e a levou à delegacia. A menina, aflita por não vê-la voltar na hora de sempre, saiu à sua procura e foi recebida com estas palavras: "Sua mãe é uma ladra e vou fazer com que seja presa". Christiane tinha esperado a noite toda em seu quarto e depois, às seis horas da manhã, vendo que ninguém vinha, jogou-se do sétimo andar. Eu pedi explicações sobre esse drama, mas a gente não "devia" falar nisso. A gente mudaria de faxineira, só isso. Eu insisti e minha mãe, que culpava incisivamente a patroa "severa demais", mostrou-me que, apesar de tudo, não se pode "tolerar que roubem na casa da gente e, além disso, é um pecado mortal". Eu fiquei apavorada, concluindo mais uma vez que o pecado *mortal* faz *morrer*.

Conheci Christiane em um domingo; a mãe dela, encarregada de me levar à missa, a tinha trazido. Loira, doze anos, toda de preto, ela trazia em volta do pescoço uma pele branca comprida que caía em duas faixas até seus tornozelos magros. Espantada com essa pele, eu tinha feito perguntas em casa.

— É muito vulgar e nem um pouco conveniente usar coisas tão vistosas e, além disso, não se deve falar com Christiane.

E eu, macaqueando os adultos sempre tão seguros das coisas e sempre onipotentes, tinha vergonha de estar na rua com Christiane e não lhe dirigia uma palavra. Quanto ao drama, soube apenas e mais tarde que havia sido "a leiteira que a tinha encontrado primeiro". Eu imaginava essa leiteira com suas garrafas e depois no chão... Eu revia esse longo boá de cachinhos brancos como usam os bebês, e alguma coisa deu um nó dentro de mim, misturada com verdadeiro ódio por palavras que podiam matar. A sra. Beuchet não veio mais para nossa casa.

— Por quê?

— Porque não devemos nos misturar com esse tipo de coisa.

É, essas mãos rudes e carnosas fazem muitas coisas, elas sabem manter a ordem em uma casa. Elas sabem escrever os menus, ter um molho de chaves, tirar "pudicamente" a roupa das crianças, juntar-se para a oração da noite, esconder o rosto em falsos êxtases, dar bofetadas com seus ossos duros, escrever com uma soberba letra redonda em meu caderno de catecismo: "Resolução".

Essas resoluções fatais, em que sempre era o caso de não ficar irritada, estouravam como as bolinhas de sabão, bolas irisadas que, com a água de goma, ocupavam-me horas inteiras na lavanderia.

Eu gostava muito da jovem arrumadeira. Um dia, ela me falou sobre suas esperanças de casamento e de maternidade:

— Quando eu tiver um bebê, vou vesti-lo todo de branco.

— Você não pode porque você é pobre.

— Eu não sou pobre, eu trabalho e meu noivo é empregado do metrô.

Essa palavra *trabalho* não tinha nenhum efeito dentro da minha cabeça, pelo contrário, e eu continuava a persuadir aquela moça de que seu filho não podia ser bem-vestido. Ela me lançou através de frases entrecortadas que o trabalho não tornava alguém forçosamente feio e sujo, que os trabalhadores, os que têm um ofício, não são os mendigos das ruas e, além disso, "um empregado também não é um operário, e você, você é uma criança muito má". Sua raiva desesperou-me, eu refletia sobre tudo isso com a lógica que comportava minha educação. Para começar, os empregados do metrô eram aqueles a quem a gente não dá a mão e aqueles a quem não se diz "Bom-dia, senhor", mas um bom-dia bem seco seguido por um silêncio hierárquico; depois, a arrumadeira não é como minha mãe... E então, de repente, formou-se toda uma graduação muito erudita para mim. Os pobres das ruas, os operários, os empregados, o que queria dizer tudo isso? Henriette tentou explicar-me pelo grau de sujeira que comportavam esses diferentes estados. Compreendi tanto melhor quanto morávamos ao lado de uma fábrica e que muitas vezes eu distraía meu tédio, sentada na beirada de uma janela, vendo um jovem operário que cortava cobre com uma serra circular. Trocávamos sorrisos e pequenos acenos de cabeça. Um dia, ele cortou o polegar; fiquei sabendo imediatamente do acidente. A janela ficou proibida, pois eu olhava demais, e esse espetáculo me lançou em uma terrível inquietação. Henriette explicou-me que esse jovem era um operário. Eu não queria acreditar: "Como é que ele podia ser um operário se eu gostava dele?".

Então era nisso que desembocava o catecismo rigoroso de minha mãe — deveres dos superiores em relação a seus inferiores —, e esses célebres ares de bondade que sufocam qualquer germe de simpatia humana ampla e espontânea. À criança, repugnam todos os "deveres" traçados com muita precisão, e facilmente ela adota o contrário ou, então, macaqueia habilmente os adultos com pequenos ares de desprezo. Com oito anos, eu já não era mais um ser humano.

Houve o campo.

Aprendi a conhecer as flores de sombra e as flores de água, heliotrópios e erva-de-são-joão, nenúfares e todo tipo de roseiras. Fiquei sabendo que havia pássaros do entardecer e da noite: morcegos, corujas, aves de rapina, bufos caídos do ninho e afogados em um balde assombraram meus sonhos. Um salgueiro fechava sobre mim suas folhas lisas, uma gruta me acolhia em seu frescor úmido com um gatinho cego escondido em minha roupa e deslizando em meu peito. Eu ia desaparecer e desfalecer entre o muro e a hera. Ali, eu me tornava aranha, longas patas, centípede, ouriço, o que se quiser, e talvez até mesmo joaninha.

Descobri os campos de trigo, de milho, de trevo encarnado, os campos com pausa no cultivo cheios de papoulas e mirtilos, os campos contornados por salgueiros e álamos. Por trás da horta, aparecia a planície, reluzente ao sol, fremente de grilos, de gordas abelhas e de moscas sujas no esterco. Eu ia em pleno meio-dia, a cabeça não bastante coberta, o pescoço apertado demais por um laço de batista rígido, as pernas nuas picadas pelo feno. Eu ia, com um novo gosto em meus lábios quentes e um bom cheiro de lavanda e de pele bronzeada, conhecer a vertigem e o encantamento.

Dominando tudo isso, meu pai, com seus olhos claros, felizes e tão azuis, mostrava-me a natureza. Através dele, fiquei conhecendo as libélulas, os martins-pescadores e as corruíras, as efêmeras e os vermes reluzentes, os patos selvagens, as galinhas-d'água e todos os peixes. Através dele, fiquei conhecendo as árvores e as estações, o musgo e a resina, o rio, a floresta e o fogo.

Pérolas, caixas mágicas onde tremulam as cores, dedos de criança crispados na tampa, pérolas de vidro, pérolas de esmalte, colares de marfim e de coral, firmamento das meninas. Pérolas brancas, pérolas negras (onde estavam?), anjos enferrujados, palavras desbotadas... Minhas coroas de ervas são encontradas nos rostos dos heróis; as flores de estufa e as flores de maçã, no cemitério: amontoado funerário.

Também ali as mãos ásperas e carnudas fazem uma porção de coisas. Ao ritual doméstico, elas acrescentam o da morte com fotos, estandartes, bandeiras de todos os lados. Essas mãos cortam com volúpia um crepe de boa qualidade e trancam a porta com duas voltas: o luto será total, absoluto, eterno. "Minha cara, a senhora bebeu o cálice até a borra." E as mãos desoladas, comoventes, respondem em um papel com uma grande borda preta: "Benditos sejam Deus e a Pátria". A partir de então, iríamos viver de rendas e de grandes sentimentos em um clima de tristeza estagnada e pútrida.

Um deles voltou para exalar seu último suspiro em casa, *no meu quarto*. Minha irmã quis que eu o visse. Dessa vez, eu também soluçava, com vergonha de que o medo fizesse jorrar minhas lágrimas na frente de todos, eu, que normalmente só podia chorar no escuro. Subi a escada que me levava até ele, e todo o peso de meu corpo me puxava para trás, sobre a perna mais baixa, como se meus joelhos não pudessem se mover: com todo o meu ser, eu me recusava a ver o morto, e, depois, sua visão acalmou-me estranhamente.

Será que eu sabia onde me situava em todas essas dores? não sabia mais nada. Em um cortejo, no momento solene, eu pensava que o crepe molhado tinha um cheiro estranho no sol ou, então, eu tinha um medo atroz de cair na gargalhada, de sorrir sem perceber, sem conseguir parar; eu fechava os dentes o máximo que podia e, se um verdadeiro amigo de meu pai passasse perto, algumas lágrimas consolavam-me, e, depois, tudo recomeçava: dessa vez, acabou, caio na gargalhada, socorro!

Então me obriguei a imaginar como estariam agora o rosto dos cadáveres, mas lembrava de seus nomes só em uma canção com um ar muito alegre, que terminava assim:

Estão mortos, mortos, mortos

André e Rémi

Estão mortos, mortos, mortos

Papai, André e Rémi

Estão mortos, mortos, mortos

Papai, André, Luciano e Rémi.

Foi em um desses momentos em que eu me culpava por não estar à altura das lamentações demonstradas pelos adultos que aconteceu uma coisa horrível. Quando um ataúde era transferido do veículo para a cova, escapou do caixão um lençol de água tão abundante que não acabava mais, uma água pestilenta inundando os carregadores, que procuravam se esquivar sem romper o cerimonial habitual. Um deles, exasperado, lançou uma exclamação das mais vulgares, enquanto todos os que assistiam entreolhavam-se e recuavam aterrorizados. Minha cabeça ficou muito pesada. Pareceu-me que a cova iria ficar tão grande que nos engoliria a todos na terra quente, e que nós não teríamos mais que ficar assim amedrontados, colados aos outros túmulos no espaço restrito destinado aos vivos, nesses estreitos caminhos de seixos brancos em que se fica em um pé só, em que se fica pouco à vontade, em que se tem tanto frio, em que tudo faz tanto mal. Eu nem tinha mais pressa para que isso terminasse. Eu só tinha a cabeça pesada, tão pesada...

Será que meu cérebro de criança iria naufragar na enxurrada de catástrofes em que a partir de agora a vida da minha mãe se encontrava?

Anúncios trágicos, visitas de condolências, viagens fúnebres, missas de efemérides, desfile dos amigos da família, artigos de jornais, colocação de véus e anúncios em "La Religieuse", era pão bento para todo um monte de velhas pias e desocupadas que vinham farejar o luto em nossa casa, fartar-se de heroísmo à sombra de nossa família, e contar outros dramas, outros casos trágicos dos quais, parece, nenhum alcançava em beleza o que tinha acontecido conosco. E depois, como novos-ricos frequentando a nobreza, elas iam embora para difundir nossas novas glórias e outros lutos. Em um dia desses, mas ainda pior, achei bom ir para a escola. O que tinha mudado? Será que não fazia meses e meses que chorávamos? Por que não sair? Mas fui repreendida, envergonhada por minha ação, uma "falta de coração". E fiquei ali, junto de minha mãe, cujos soluços redobravam a cada visita. Contra a vontade, percebi que ela não enxugava as lágrimas e nem assoava o nariz, o resultado era revoltante, e eu pensava que era para ter "o rosto banhado de lágrimas" como nos livros, detesto-me. Uma de minhas tias, pelo contrário, enxugava as narinas e as pálpebras com pequenos golpes atentos a uma maquiagem ligeira, isso também me parecia estranho. De meu canto, eu observava o espetáculo da dor. De vez em quando, falava-se de crianças, e minha mãe me chamava junto a ela, o espetáculo parecia-me tender para a comédia, pois as senhoras faziam-me pequenas expressões de pena e havia, em tudo isso, alguma coisa de excessivo que não me convencia. Eu tinha vergonha de meus olhos secos e depois um remorso atroz por não sofrer o suficiente, pois, dentro da prostração geral, acontecia de eu seguir com os olhos o voo de uma mosca e seu trajeto no vidro, e de me divertir bastante se ela esfregasse as patas ou as asas, também acontecia de eu ter bom apetite e de querer me distrair. A criança encarna a vida, o movimento, ela é toda metamorfose e renovação suportada... mas ninguém me fazia a graça de sussurrar uma confidência.

E, contudo, houve um raio de sol. Era um bebê loiro, uma menina de dois anos a quem me liguei de repente mais do que a qualquer outro ser no mundo. Eu trançava flores em sua cabeça e seu sorriso encantava-me. Certo dia, ela não veio mais ao jardim. Eu queria vê-la: "Impossível, ela está doente". Seus gritos agudos chegavam até mim na noite. Por acaso, surpreendi uma frase de um adulto: "Isso vai muito mal, o pus sai pelos olhos e pelas orelhas". Essas palavras dançaram em minha cabeça. Impediram-me de entrar, mas entrevi a pequena morta, toda branca, coberta de rosas... Mais uma vez, o caixão atravessou a casa e partimos para a igreja. Eu segurava uma das fitas que escapavam de uma construção esculpida em madeira preta carregada por uns homens. Na igreja, velei totalmente só perto do caixão durante o "almoço de família", esperando a hora do cemitério. Eu estava no limite extremo do sofrimento e da dor. Sob aquele amontoado de rosas, acreditava sentir um cheiro. A alma da pequena morta iria ao céu naquele raio luminoso, quebrando os vitrais da capela? Mas não, eu estava ao lado dela, velando, no genuflexório...

Houve a descida da pequena caixa na cova. Então, mas apenas então, eu compreendi a morte... essa e todas as outras.

O torpor desses longos dias devia aos poucos me fazer soçobrar. Eu também fiquei "em perigo".

— Será que vou morrer?

Onde está essa irmã tão carinhosa que se inclina e responde:

— Não, nós não tememos por você.

Desse modo, tiveram medo. Bem que eu achava. E durante inverossímeis recaídas, eu esperei, assim, com muita simplicidade, porque, na verdade, minhas chances eram iguais tanto do lado dos mortos quanto do outro. Um dia, deslizaram embaixo de meu travesseiro uma medalha de Lurdes. Levei um susto e a atirei na cara da minha irmã, dizendo que não precisava daquilo. O padre veio com a comunhão, supliquei que me deixassem paz, mas, não, era preciso passar por onde todos eles queriam e ainda suportar essas complicações, essas expressões extraordinárias, esses panos e esses objetos. Eu me esforçava para meditar, mas, embora ainda crente, eu estava "ausente" e o livro caía sobre os lençóis. Durante essas noites sufocantes, eu olhava a fotografia dos mortos. Finalmente, fiquei melhor. Um enfermeiro mutilado das duas mãos e transformado em simples vigia vinha todos os dias me levar para tomar sol. Passava seus braços por baixo de meu corpo dolorido, fazia-me rolar sobre seus cotos e me instalava em seus antebraços dobrados. Eu tinha horror desse homem e desse momento, e teria preferido não sair da minha cama. Transportavam-me então em uma maca. Também eu era "vítima de guerra".

As mãos ásperas estavam todas inchadas. Durante um ano inteiro elas tinham torcido compressas de água fervente, enchido sacos de gelo, reavivado os fogos. Essas mãos rachadas de onde escapava sangue tinham, "por mim", renunciado ao grande anel de ouro.

Disseram-me que meu afilhado, um moço do Norte, caçador alpino ligado a mim como madrinha por intermédio de uma freira, tinha sido morto. É ele quem, *no começo da guerra*, enviava-me fotografias de capelas de exército com Joanas d'Arc cheias de fitas e depois, anéis, encaixes de obus. Eu respondia em um papel com pequenas bandeiras (formato para crianças). Quando ele vinha de licença, eu o esperava como um prazer, uma distração, mas houve um constrangimento terrível.

— Achávamos que você iria contar umas boas histórias para sua pequena madrinha — mas ele estava ali, mudo. Tinham-me dito para fazer perguntas, eu perguntei "como eram os ataques?". Na sobremesa, ele recusou o bolo, um bolo em camadas de creme e geleia, fiquei consternada, insistiram, então ele enfiou o indicador no fundo da boca: ele tinha dor de dentes e o açúcar só iria piorar. Com os "como é possível" e muitas negativas, colocamos um pedaço em seu prato, ele engoliu uma bocada e depois o deixou. Decididamente, nada quebrava o gelo, e não haveria histórias de batalhas. Minha mãe estava aborrecida como no dia em que recebeu um amigo de meu irmão, que, deixado por um momento sozinho na sala, foi encontrado soluçando nas almofadas. Ele tinha dito, parece:

— É horrível, horrível.

— Coragem! — tinha respondido minha mãe, que, ao nos contar isso, acrescentava: — Um verdadeiro soldado não chora. — Um mês depois, ele foi morto.

O desaparecimento de meu afilhado me deixou indiferente: nada mais me tocava, não sabia mais escrever, nem andar, e preferia não falar. Eu tinha treze anos e parecia um esqueleto de criança. Embrutecida, muito dócil às ordens de minha mãe, tinha me tornado seu novo culto, sua heroína, curada de uma doença indefinida, graças a seus cuidados. "Não te dei vida uma segunda vez?"

Logo, por uma *ave-maria* libertadora, o sacrilégio penetrou em minha vida, que ele aprisionou. "Eu vos saúdo! Maria, merda, Deus."

Ninguém vinha nos ver, exceto o "Senhor abade", o único, o verdadeiro, o grande amigo da família. Ele tinha o costume de puxar minha irmã para os cantos, de lhe apertar o peito dizendo "fique em paz", e de lhe tocar o traseiro, fazendo a saia lhe entrar nas nádegas, depois retirando-a. Eu achava isso bizarro, estranho, desagradável. Minha irmã o deixava fazer, não encontrando nisso, aparentemente, nem prazer, nem repulsa, e chamando esse padre de "caro senhor abade". Ela era um ser cândido e muito saudável. Um dia, fui até a casa do "senhor abade" e encontrei uma meia dúzia de moças sentadas no chão em círculo e recompondo saias, meias e calcinhas. "Já que você não sabe costurar, você vai descosturar" — e eu tive meu quinhão do festim. Era uma grande honra para todas essas jovens encantadas por esse Rasputin defeituoso.

Ele vinha ao interior para rezar as missas de efemérides. De manhã, passava por nosso quarto, rezava ajoelhado ao pé da cama de minha irmã e deslizava a mão por entre os lençóis. Uma vez, ele entrou, ela estava seminua. Fiquei petrificada. Essa questão do abade provocava em mim uma repulsa intolerável, um nojo do qual não ousava falar a ninguém. O que poderia dizer? Quais palavras usar? Eu tinha grandes inquietações sexuais que nenhum dicionário acalmava, eu até mesmo ignorava "como se fazem os bebês", mas não identificava minhas inquietações com as manobras do padre. Foi ele quem, um dia, colocando-me no colo, encarregou-se de me explicar o casamento em termos médicos, depois acusou meu irmão de conhecer as mulheres, elogiou minha "inteligência", o que me deixou lisonjeada, e acusou minha mãe de me fazer infeliz, o que era verdade, e lhe valeu me ver retornar. Saindo da casa dele, cruzei com um casal: moço e moça, braços para baixo, braços para cima, alegres, risonhos; essa visão foi um choque terrível para mim: "Nunca serei como eles". Subi a rua com as costas encurvadas, os ombros murchos: teria dado tudo para que aquela explicação não tivesse acontecido, para que esse padre não existisse com suas manobras suspeitas e seu cheiro. Eu continuava não dizendo nada, mas, aos poucos, as coisas tomaram outro aspecto: eu me confessava a ele por maus pensamentos, sem ousar dizer que ele mesmo os provocava com sua atitude para com minha irmã, principalmente quando ela ficava no quarto dele até duas horas da manhã e voltava, o penhoar todo desarranjado, para perto de mim, que não tinha parado de tremer de medo. Um dia, depois do catecismo, o "senhor abade" escondeu-se atrás de uma porta, agarrou-me pelo braço e disse: "Ninguém deve nos ver", depois apertou seus lábios contra os meus e fugiu correndo. Esfreguei minha boca com nojo. Ele me recebeu sem acender a luz, eu só via o bruxulear sinistro de um fogo de carvão na lareira. Pôs-me no colo, ergueu minha saia e passou a mão em minhas coxas com o pretexto "de arrancar todas essas pequenas espinhas que a gente tem na pele", depois ele disse: "Com sua irmã, eu faço assim", e entreabriu minhas pernas, pôs a mão em meu sexo, eu me mexi bruscamente, e ele tirou a mão, todo suado, e continuou a apalpar por muito tempo meu corpo e a me abraçar com muita força; depois, acalmou-se. Eu tinha uma pressa louca em sair dali, sufocava. A partir de então, estudava esse homem e todos os seus gestos com total repugnância, e me recusava a ficar espiando quando ele abraçava minha irmã atrás das portas.

Eu estava cercada por todos os lados.
Falar com quem? Falar como?
Meu irmão, com seus ares de glutão e bem-disposto, não me inspirava confiança. Não levava nada a sério e safava-se da influência familiar por um cinismo alegre e superficial.

Depois de dias e noites de ausência, ele voltava, sem querer notar as expressões trágicas que minha mãe nos impunha por causa dele. Na mesa, eu reparava em seus lábios inchados e em sua cara estranha. Em relação a ele, eu estava sempre entre a atração e a repulsa. Ele lia Anatole France, era seu Deus. Frequentemente o senhor abade vinha jantar. Ele era de uma gula repugnante, e tinha o costume de recolher com a ponta dos dedos as migalhas mais ínfimas caídas na toalha. Essas refeições! Silêncio entrecortado apenas pelo *benedicite*, depois pelas menores falhas na boa ordem do serviço; um dia, ouviu-se um barulho seco e metálico: meu porta-guardanapos se quebrava em minha mão fechada. Minha irmã observou, com um tom acerbo, que era "encantador" e bem revelador. Objetei: "É prata velha, usada"; ela exclamou: "Mas não deixa de ser metal, com certeza ela tem o punho fechado com força!".

Falar com quem? Minha irmã mais velha só se preocupava com ela mesma, com seu amor inconsciente pelo abade, com suas brigas com nossa mãe. Minha outra irmã ia com a corrente, e todos me tratavam como criança. Minha saúde fraca excluía toda possibilidade de amizade: para grande satisfação de minha mãe, eu não saía mais de casa. O que ela não sabia era que eu vivia em uma espécie de sonho interior que só eu conhecia bem! Também nessa época, via a noite vir com um terror sombrio, maior a cada dia. Sabia que, por horas, iria lutar, e que depois de ter resistido à tentação, eu iria me entregar sem freio [...] a uma depravação imaginária.

Uma tarde de verão, meu irmão quis me levar para encontrar seus amigos, "um meio impossível, ouvíamos dizer em casa, onde as mulheres procuram agradar, o que é criminoso, e onde as moças pronunciam essa palavra flerte, que é abominável". Houve resistência, meu irmão insistiu, e eu me preparei para esse contato com "o mundo" como uma expedição extraordinária. Cheguei lá, muda, "superior", incapaz de dizer boa-tarde, esforçando-me desajeitadamente para copiar os outros; arregalava os olhos: toda essa gente me parecia estar representando, brincando com a vida. Eu surpreendia toda uma discrepância das palavras, algumas, muito expressivas, empregadas rindo, faziam-me ranger os dentes, outras me pareciam mal colocadas, muito ricas em conteúdo para serem tão pobres de som. Meu irmão estava horrorizado com a minha atitude, eu sentia que o desapontava em seu desejo sincero de "me distrair um pouco". Quando voltamos sacolejando na noite por um caminho ruim, ele estava descansado e disposto depois de uma jornada de esportes, eu, muito sombria: voltava de um espetáculo ridículo onde não podia ter nenhum papel, tinha pressa em reencontrar meus livros.

Chegamos a nossa casa justo antes da tempestade: o terraço era fustigado por um vento estranho, as poltronas de palha moviam-se sozinhas, uma cadeira muito leve descia a escada, portas e janelas batiam por todos os lados. Chamamos no vazio. Ninguém?

Uma vizinha escondida atrás de uma coluna parecia espiar o fundo do jardim. Perguntei-lhe: onde estava minha mãe? ela respondeu: "Não sei o que está acontecendo, mas sua irmã correu para o rio". Charles partiu com seus passos leves (poderiam dizer que ele estava sempre em uma quadra de tênis, enquanto os outros caminhavam em casa como sobre o tapete que leva à Santa Mesa). Minha mãe voltou, depois meu irmão, dizendo: "Eu lhe dei uma boa bofetada"; uma sombra deslizou por trás dos arbustos: Madeleine subia para seu quarto, lançando-nos um olhar de ódio.

Minha mãe estava em seu elemento: havia uma cena. O que tinha acontecido? Ela tivera uma simples conversa com Madeleine e esta havia batido a cabeça nas paredes, tampando os ouvidos, depois tinha querido se jogar na água. Minha mãe a alcançara no lugar em que se lavavam roupas, onde, felizmente, Charles tinha chegado.

"O que será que eu fiz para ter filhos assim?... a vida está muito complicada para mim...", e minha mãe cruzava os cômodos com um ar confuso, apertando as têmporas; suas faixas de cabelo sempre lisas, abundantes e impecáveis eram levantadas pelo vento e pela cólera. Meu irmão, imóvel, lábios franzidos, decidiu trancar Madeleine com chave e vigiar a janela onde foi adaptado um fio de ferro. Ficando sozinha com Charles, não consegui, dessa vez, conter um soluço: "Pois é! se a vida é assim... "Mas, não", disse ele, enfatizando o *não*, contrariado ao se sentir vencido pela atmosfera de drama, "e depois, não comece a me encher você também." Ele tinha fome, sentamo-nos à mesa. Eu ignorava o objeto do que se chamava de "uma simples conversa", mas detestava a todos, mãe, irmão, irmãs, por me sentir o tempo todo como cúmplice de um contra os outros e por não encontrar em nenhum deles uma resposta para mim mesma. Naquela noite, eu estava ferozmente a favor de minha irmã e quis forçar sua porta: com ela, pelo menos, podíamos nos jogar nos braços uma da outra e chorar juntas sem dizer nada. Esses soluços em comum acabavam sempre em uma evocação muito simples de lembranças de nosso pai. Esforçávamo-nos mecanicamente para pronunciar seu nome, como se ele ainda estivesse ali, tanto era o horror que tínhamos do tom de minha mãe, que realmente parecia fazer com que ele morresse uma segunda vez.

Acontecia de eu ter pena de minha mãe contra meu irmão e de declará-lo bem alto, mas, se ela pegasse meus livros, eu sentia de imediato um alívio terrível quando meu irmão, por razões dele, fazia-a sofrer. Eu defendia Madeleine contra Charles, pois ela também sentia profundamente tudo aquilo que me fazia mal em casa, e não ria disso, mas eu ficava a favor dele, de sua alegria e de seus risos, quando Madeleine aparecia-me como a sombra do padre. Eu amava minha irmã e a admirava por causa desse espírito de contradição que, nela, se afirmava por qualquer razão. Assim, durante um alerta sobre zepelins, enquanto todo o mundo estava no porão, ela insistia em ir ao telhado, o que nos valeu uma pequena cena bem precisa, apesar "da gravidade das circunstâncias". Mas ela subiu ali e eu, cinco anos mais nova, dividida entre a prudência materna e a exaltação de minha irmã, segui, apesar de tudo, a esta última, não querendo admitir que a estreita escada de ferro, muito inclinada e toda em caracol como a da Torre Eiffel, já me dava tontura. Chegamos a um telhado "mais alto do que toda Paris" e onde a luz dos holofotes cruzavam-se sobre nossas cabeças. Eu amava Madeleine por se levantar, todo dia, por qualquer motivo, em todas as ocasiões, contra minha mãe, mas me sentia terrivelmente longe de todos, capaz de destrinchar o que cada um deles queria, incapaz de expressar minha própria realidade para ninguém no mundo.

Logo perdi a fé, recusava-me a ir à missa e comungar na Páscoa. Meu irmão, sentindo-me objeto da reprovação geral, disse um dia: "Você vai ver, vamos nos divertir muito, nós dois". Fiquei reticente, querendo "ser gentil" e disfarçar que essas palavras e esse tom faziam-me mal. "Mas, enfim, o que você quer?"

Indagada por meu irmão: "quais eram minhas impressões sobre o senhor abade?", um dia falei sem freios como me vinham as palavras: finalmente as palavras eram ditas, meu irmão me ajudou e me livrei de um peso de uma tonelada. Fui contar para minha mãe, ela estava sentada em sua escrivaninha na frente dos livros de contas e da foto de meu pai.

"Você ousa acusar o senhor abade... está muito claro, você, que não vai mais à igreja, e Charles, que leva uma vida dissoluta, vocês combinaram para dizer horrores" — e começou uma cena como jamais vi igual. Dessa vez, eu iria responder, diria tudo e, de fato, não transigi em nenhum ponto. Minha mãe passou da apoplexia para uma palidez mortal, tanto fazia para mim, e já que ela ainda me acusava de ser "ignóbil", repetindo que os padres são sagrados, não tive nenhuma pena dela. Afinal, ela pediu que passássemos a outro tom: "Quando penso no que fiz por você e na maneira como fala comigo! Você tem um coração de pedra". Apoiada em uma cômoda, respondi: "Não, de mármore, é mais frio". Então a atmosfera ficou elétrica: minha mãe reivindicava seus direitos à minha afeição, ela, que tinha me "dado a vida e cuidado tanto". Tive um riso estranho e respondi que ela não devia esperar nenhum reconhecimento de minha parte, ela poderia igualmente ter me deixado morrer, "preferia não ter nascido". Ela se jogou sobre a poltrona, gritou que eu não sabia mais o que estava dizendo e desabou. Saí, sem piedade, sem lágrimas. Uma vez que eu tinha falado, tinha dito tudo e a maldição final havia esvaziado meu corpo de músculos, de sangue e de ossos. Sentia um alívio que me levantava do chão, uma alegria surda, sem ressonância possível.

Ah, realmente! ela não queria em volta de mim mais do que coaxar de corvos, ulular de corujas, sussurros mentirosos, gestos furtivos na hora dos morcegos? Pois bem! por uma vez, tudo ficava claro e transparente, como esse pleno meio-dia de verão. Fui ao jardim, borboletas-brancas voavam sobre as margens do rio, uma nuvem de mosquitos veio em meu rosto, completamente espantada ao perceber essas coisas tão simples, fiquei muito tempo na beirada da água e, ali, obtive a certeza de que a vida iria se curvar a meu sonho e que eu não iria fracassar: sofreria, mas viveria.

A partir desse dia, aparentemente calma, imperturbável, comecei a lançar grandes brados sobre o papel. Estas linhas resumem minha inércia: "Será que, algum dia, serei capaz de imprimir um traço de vontade *no real*! Desde que não estou mais sozinha, não sou mais eu, o que fazer? Será que terei sempre essa imensa faculdade de sofrer as coisas, sem *mudá-las*."

Eu tinha retomado os estudos mas, por uma espécie de fatalidade, não era capaz de suportar professores e alunos. Na classe, como no recreio, vinha-me de repente um soluçar que ninguém podia prever. Eu achava que minhas colegas eram estúpidas. Elas me escutavam, horrorizadas, declamar as imprecações de Camila.[1] Eu fazia ginástica rítmica e depois achava

---

[1] Personagem da peça *Horácio*, de Corneille. (N.T.)

isso fraco e ridículo. Ia a um ginásio onde, subindo nos aparelhos depois de mil esforços, imaginava ser uma atleta sadia e vigorosa. Encarnava alternadamente um personagem de Montherland e um de D'Annunzio. Decidi "ficar independente graças a um diploma" e me dediquei aos estudos sem nenhuma possibilidade de fixar minha atenção, de conseguir alguma coisa e de não sair de repente, sem motivo, no próprio momento em que devia trabalhar. Na amizade, eu agia sob o impulso do capricho, depois das fobias. Tomando precauções de criminoso, um dia entrei em uma loja de luxo e comprei pó e perfume.

Uma coisa era estável, certa e sem volta: minha irreligião. Minha mãe quis que eu visse outro padre. Declarei que não iria me furtar à discussão, embora não me sentisse armada intelectualmente em face de um homem sem dúvida muito instruído. Eu pensava, contra a vontade, "talvez isso seja interessante", mas, ao mesmo tempo, era tomada por um pânico tímido. Como entrar? Dizer bom-dia? Começar as explicações? Antes de partir, pus-me a costurar, em um chapéu de palha envernizado de preto, muito de freira, uma chocante pena verde posta de pé. Parecia-me que, no caso em que eu ficasse muito paralisada, esse objeto completamente ridículo iria me divertir e me tranquilizar a ponto de recuperar meu espírito. Cheguei a um parlatório frio, úmido, uma espécie de subsolo com cadeiras ao longo de uma parede branca. O sacerdote entrou, parecia hesitante, eu estava decidida. Achava que tinha algo a dizer, mas ele não me deu tempo: "Minha filha, Deus permitiu que houvesse um traidor entre os apóstolos, ora, pode-se encontrar um traidor entre seus ministros, tenha misericórdia"; aí vinha todo um discurso contra o "Senhor abade", algo parecido com uma pirraça ou jogo de influências de que minha mãe tinha sido o objeto. Interrompi. A "traição" em questão não estava toda em meu distanciamento da religião, eu era capaz de julgar as coisas *mais do alto* e queria apenas viver, a partir de então, segundo minha consciência, já que não acreditava mais.

Não me deixou continuar: "Como? mas, minha filha, você vai voltar a Deus, é claro, você vai ver, tenho certeza, cara menina, não se dá a confiança... é evidente... mas você vai ver, vamos, minha menina, é certo, não é?".

— Não creio — fiquei de pé e já irônica.
— Até logo, Senhor padre.

Estava na rua em um dia de fim de abril e sentia a luz cálida com intensa satisfação. Uma vitrine refletiu minha imagem: o casacão cinza pó não se ajustava a meu corpo, as meias de fio preto não combinavam bem, a pena atravessada. Caí em uma gargalhada franca e solitária em plena rua de Vaugirard, depois comprei uns narcisos e voltei para meu quarto, onde minha primeira providência foi descosturar a pena. Fiquei contente ao encontrar meu irmão e de me sentir muito alegre junto dele. O padre tinha sido tão lamentável que achei delicioso brincar um pouco, isso ultrapassava os limites conhecidos até então de meu caráter, que era, antes, de sentir "um profundo respeito por todas as opiniões sinceras". Respeito que me valia, de volta, o dos outros, na casa.

No fundo, eu estava decepcionada. Assim, são *eles*, os "orientadores de consciência!...", Certamente, são todos parecidos, com seus olhos medrosos e suas mãos hipócritas, e eu escrevi em meu caderno: "A religião? um tabique cômodo contra a vida, a morte, o sofrimento. Tudo está previamente decidido, como um rendimento, um sistema de seguros. Eu vivia então de acordo com minha consciência, sim — mas eu iria procurar... iria ler... em todo caso, não era preciso ser mais estudada para perceber que há muita hipocrisia de todo lado. Decididamente, detesto todos eles. Sinto-me espantosa e magnificamente sozinha".

Eu tinha dezessete anos.

Mergulhei na música, depois me desliguei de repente, anotando em meu caderno: "Não é mais válida do que a droga para os drogados"; eu percebia muito bem que, ao passar semanas inteiras de Bach a Debussy, de Schumann a Ravel, de Rameau a Manuel de Falla, de Mozart a Stravinsky, não fazia mais do que mudar de droga, e que nada era *verdadeiro* em minha vida. O mesmo acontecia com as leituras. Chegaria o tempo da *realidade*? Seria preciso uma realidade conforme minha imagem, mas qual é minha imagem? Encontro-me em tantas contradições e seria preciso que minha vida "subisse" como uma fuga de Bach: um tema central que se amplifica, enriquece-se sem cessar, encontra, assimila-se, rejeita e depois permanece, ao mesmo tempo, intacto e mudado. Bach era minha única "moral", Stravinsky toda a minha febre. Em pintura, eu só gostava dos Primitivos ou do Douanier Rousseau, Utrillo, alguns Picassos. Mas amar a pintura não queria dizer ver um quadro e depois passar a outra coisa, era, para mim, uma verdadeira fonte de vida, mas também nisso eu tinha de concluir, com uma espécie de ironia desdenhosa por aquilo a que me dedicava e aquilo por que me dedicava: "Não vale mais do que a droga para os drogados".

Exceto isso, a existência estava povoada com seres irrisórios. Os sobreviventes, os primos, vinham para a casa de minha mãe. Um "amante das artes" lamentava Reims, garantindo, entretanto, que não hesitaria, ele, em bombardear Florença se os italianos fossem boches, e que essa guerra tinha sido, apesar de tudo, "o período mais belo de sua vida, aquele em que a gente se sente viver". Ele era daqueles que são vistos no metrô, embaixo do abajur verde de franjas de pérolas, embaixo do lustre de madeira dourada ou em seu "interior lindamente decorado, muito modern style". Estão ali, montando ou desmontando seu lar, esposa ou governanta tirando o pó, combinando, calculando. Estão ali, refugiados no coração de seu lar, levados pela rotina cotidiana e pela torta de creme de domingo. Ocupados demais com sua virtude, com sua certeza, com as quatro paredes de sua vida e com a opinião de seu porteiro, jamais viram um olhar humano, eles se detêm na aparência, no costume, na "condição social". Que desabe uma parede: um escândalo na família, nem com isso eles se comovem: só sua curiosidade, sua malignidade é despertada: "eu bem que disse", e eles marcam um ponto e se entocam e franzem a cara na casa deles. Ali, constroem uma separação que os aprisiona mais ainda, apenas algumas vezes seu olhar é ameaçador, porque seu pensamento tem mais audácia que seus atos. Mas a vida está fixada de uma vez por todas, as etapas estão marcadas, eles podem se instalar confortavelmente em sua "boa situação", são gente bem.

Faz muito tempo que eles e seus semelhantes perderam o sentido dessa vida que empurra os seres ao largo, arriscando tudo. Eles estão ali, os cupins, os lares, sem que sua imaginação jamais se erga um palmo acima do dever cotidiano, das obrigações cotidianas e das distrações dominicais. Então, uma guerra, que aventura! A pátria oferece a vocês um alvo onde derramar a bile acre dos sedentários, a pátria oferece a vocês um inimigo a ser odiado, desprezado, um ser ao qual vocês são incontestavelmente superiores (temos o direito a nosso favor). A pátria é, ao mesmo tempo, um brasão para esses novos-ricos de glória e também o sentimento de segurança, pois, mesquinhos demais para compreender o universal, eles serão generosos dentro dos limites de suas fronteiras, como são boas suas esposas dentro dos limites de *suas boas obras*. Amanhã, eles darão seus filhos com o mesmo entusiasmo, pois essa progenitura adocicada também perdeu o senso do humano, e a guerra, verdade, é uma ocasião sem igual para ultrapassarem-se a si mesmos. Eles precisam de tanques e de cadáveres para que se sintam vivos, magnânimos e transcendentes. A vida cinzenta e morna fica vermelho-sangue, e, ainda amanhã, eles irão trocar o paletó puído do escritório por uma armadura de cruzado com insígnia de sargento.

Sim, por que isso não seria o melhor tempo dessas vidas vazias acalentadas por histórias, em que os avós apontam a via triunfal, o caminho do dever e o da virtude com, ao fundo, no horizonte longínquo, sabe-se lá qual Vitória mutilada, sabe-se lá qual Liberdade truncada? E o menino-homem segue pelo caminho reto traçado: ele vê "ATENÇÃO — PERIGO" por todos os outros lados.

Outros títulos da Coleção

à deriva...

AS ONZE MIL VARAS
Guillaume Apollinaire

TRÊS FILHAS DA MÃE
Pierre Louÿs

CADASTRO
ILUMINURAS

Para receber informações
sobre nossos lançamentos e
promoções envie e-mail para:
cadastro@iluminuras.com.br

Este livro foi composto em Garamond, pela *Iluminuras*
e foi impresso nas oficinas da *Meta Brasil Gráfica*, em
Cotia, SP, em papel off-white 8og.